ERA UMA VEZ UMA MENINA
CONHECIDA COMO CHAPEUZINHO VERMELHO. UM
DIA, SUA MÃE PEDIU QUE ELA LEVASSE UMA
CESTA DE DOCES PARA SUA VOVÓ,
QUE MORAVA DO OUTRO LADO
DO BOSQUE.

Chapeuzinho Vermelho

CAMINHANDO PELO BOSQUE, A MENINA
ENCONTROU O LOBO.
- AONDE VAI, CHAPEUZINHO? - PERGUNTOU O LOBO.
- VOU À CASA DA VOVÓ LEVAR UMA CESTA DE
DOCES - RESPONDEU CHAPEUZINHO.
- MUITO BEM, BOA MENINA! POR QUE NÃO LEVA
FLORES TAMBÉM?

ENQUANTO CHAPEUZINHO
COLHIA AS FLORES, O LOBO
CORREU PARA A CASA DA VOVÓ.

O LOBO BATEU À PORTA E, IMITANDO A VOZ DE CHAPEUZINHO VERMELHO, PEDIU PARA ENTRAR.

ASSIM QUE O LOBO ENTROU, DEU UM PULO E DEVOROU A VOVÓ INTEIRINHA. DEPOIS, COLOCOU A TOUCA, OS ÓCULOS E SE COBRIU, ESPERANDO CHAPEUZINHO.

QUANDO CHAPEUZINHO CHEGOU,
O LOBO PEDIU PARA ELA CHEGAR
MAIS PERTO.
- VOVÓ, QUE ORELHAS GRANDES - DISSE
CHAPEUZINHO.
- É PARA TE OUVIR MELHOR - DISSE O LOBO.

- QUE OLHOS ENORMES, VOVÓ!
- É PARA TE VER MELHOR!
- QUE NARIZ COMPRIDO!
- É PARA TE CHEIRAR!
- E ESSA BOCA, VOVOZINHA? QUE GRANDE!
- É PARA TE DEVORAR!

ENTÃO, O LOBO PULOU
DA CAMA E CORREU
PARA PEGAR
CHAPEUZINHO.

UM CAÇADOR, QUE PASSAVA PERTO
DA CASA, OUVIU O BARULHO E FOI
VER O QUE ERA.

O LOBO TENTOU FUGIR, MAS O CAÇADOR ATIROU E MATOU O LOBO.

CHAPEUZINHO APARECEU E DISSE QUE
O LOBO HAVIA ENGOLIDO A VOVÓ.
O CAÇADOR ABRIU A BARRIGA DO LOBO
E TIROU A VOVÓ, SÃ E SALVA.